AF460424

CATALOGUE

MÉDAILLES

DES XVe ET XVIe SIÈCLES

DE PORTRAITS EN CIRE DE COULEUR

Dont un de VOLTAIRE, de grandeur naturelle
fait d'après nature

DE BEAUX MÉDAILLIERS ANCIENS

ET D'UNE

BIBLIOTHÈQUE NUMISMATIQUE

PROVENANT DE LA COLLECTION

DE FEU M. FR. SCHREIBER

(Librairie HEERDEGEN, de Nuremberg)

DONT LA VENTE AURA LIEU

A L'HOTEL DES COMMISSAIRES-PRISEURS

RUE DROUOT, N° 5

SALLE N° 7

Les Mardi 4 et Mercredi 5 juin, à une heure

Me DELBERGUE, commissaire-priseur, rue de Provence, 8
Assisté de MM. ROLLIN et FEUARDENT, rue Vivienne, 12

Exposition publique avant la vente

PARIS, 1867

ORDRE DES VACATIONS

Premier jour.

Mardi 4 juin. . . . . 14 — 210
1 — 13

Deuxième jour.

Mercredi 5 juin. . . . . . . 211 — 392

CONDITIONS DE LA VENTE

Elle sera faite au comptant.

Les Acquéreurs payeront, en sus du prix d'adjudication, CINQ POUR CENT, applicables aux frais.

Le catalogue de cette vente a été remis tout rédigé à MM. Rollin et Feuardent, ce qui excusera quelques inexactitudes qui s'y sont peut-être glissées.

La collection de M. Schreiber était bien connue des amateurs; ce sont surtout ses plombs qui excitaient l'admiration des connaisseurs. Véritables épreuves d'artiste, ils n'ont, pour la plupart, que la tête; où le revers se trouve, nous l'avons indiqué dans la description.

Quelques pièces datent d'une époque plus moderne; en partie elles n'existent pas en anciennes épreuves. Nous les avons marquées d'un *.

Les titres des ouvrages cités en abrégé dans cette notice se trouvent en entier à la fin du catalogue, dans la collection de livres concernant les médailles.

E. T.

Nuremberg, mars 1867.

CATALOGUE

DE

MÉDAILLES COULÉES

I. — *Moules à médailles originales en grès, de la première moitié du XVIe siècle, par Hagenauer et autres.*

1. Albrecht Durer coiffé d'un chapeau. 65 millim.
2. Otto (Henri), duc de Bavière. En profil. 66 mill.
   Avec une épreuve moderne en plomb.
3. —— Le même de face. 67 millim.
   Avec une épreuve moderne en plomb.
4. Un duc de Bavière, évêque de Freising en 1527. 70 millim.
5. Charles V, empereur. Tourné à gauche, tête nue, longs cheveux. 63 millim.
6. Charles V, empereur. Tourné à droite, coiffé d'une barrette. Anno ætatis xxx (1530). 67 mill.
7. Katharina Nevmann Vxor Ambrosii Hechstetter. Anno ætatis xviii. 58 millim.
   Voir le n° 137.

II. — *Portraits en cire.*

8. Albrecht Durer. Médaillon en ronde bosse en cire de coûleur, dans un cadre noir. 74 millim.

Will, I, 313. Le même portrait que le n° 24 de ce Catalogue.

9. Albrecht Durer. Epreuve en cire, de la seconde moitié du XVIe siècle, d'une coupe modelée par Durer, dans laquelle on a enchâssé son portrait, par Bezold. 170 millim.

De la collection Haller von Hallerstein.

10. Wenczel Jamiczer (orféyre à Nuremberg). Anno M D.LXVIII. Épreuve en cire. 68 millim.

Imhoff, II, 796, n° 4.

11. Gabriel Schevrl. Aetat. 57. (1605). Portrait en cire de couleur sur ardoise. 72 millim.

Dans un cadre noir.

12. Portrait d'un archiduc d'Autriche. Exécuté vers 1600, de la même manière. 65 millim.

Dans une boîte tournée en bois.

13. PORTRAIT DE VOLTAIRE en cire, de grandeur naturelle. Fait à Paris par Ménars, d'après nature, en 1778.

Portrait des plus précieux, d'une belle exécution.

III. — *Portraits exécutés par Albrecht Durer.*

14.* Plomb. 1508. Sa femme Agnès Durer, née Frey. Avec le monogr. Autour du médaillon, un cercle. 52 millim.

Imhoff, II, 726, n° 43. — Will, I, 370.

15.* Plomb. 1508. La même médaille, plus en relief et sans le cercle. 54 millim.

Non citée.

16. —— La même Agnès Durer, entourée de femmes et d'enfants. Ovale, haut. 82 millim., largeur 70 millim.

Imhoff, II, 727, nº 44.

17.* Plomb. Sebaldus Schreyer. 1512. 89 millim.

Avec le monogr. de Durer. Epreuve moderne; il n'en existe pas d'anciennes. Elle doit avoir été faite d'après un médaillon en pierre.

18. Le père d'Albrecht Durer. 1514. 68 millim.

Epreuve de l'époque d'après un médaillon en bois, *avant* le monogramme.

19. Plomb. Le même médaillon. 1514. 68 millim.

Epreuve de l'époque, *avec* le monogramme de Durer.

20. Bronze. Le même portrait, plus en relief, avec le monogr. et la date 1514.

Will, I, 321. Bolzenthal, pages 121 et 123.
Nous croyons cette médaille, dont le musée de Berlin conserve l'original en pierre, postérieure à la mort de Durer.

IV. — *Portraits représentant Albrecht Durer.*

21. Argent. Imago. Alberti. Dvreri. Aetatis. Svæ. LVI. Rev. Les armoir. de Durer. 37 millim.

Will, I, 314, nº 1.

22.* Plomb. La même médaille. 37 millim.

23.* Plomb. La même médaille avec un autre revers. 40 millim.

Imhoff, II, 722, nº 30.

24. Portrait de Durer, très-en relief, sans aucune inscription. 74 millim.

Will, I, 313. Le même portrait que le n° 8 de ce Catalogue.

25.* Bronze. Bilibald. Birckeym. Alber Dvrer. Oval. 55. millim. s. 45 millim.

Will, I, 315, n° 19.

26*. Étain. La même médaille. 55 mill. s. 45 mill.

27. Étain. Alberti. Dvreris. Pictoris. Germani. Effigies. 67 millim.

Médaille par Bezold. Très-belle épreuve.

28. Étain. Alberti. Dvreris. Pictoris. Germani. Effigies. 1561. 66 millim.

29. Plomb. La même médaille, sans aucune inscription. 50 millim.

30.* Plomb. La même. Albertvs Dvrervs. Noricvs. Pic. Om. 56 millim.

31. Composition dure. Portrait d'Albrecht Durer d'après le n° 21. Carré, 127 millim. s. 98 millim.

Monogr. M. S. 1624.

32. Bronze. Durer. Petite médaille octogone. 18 millim. s. 16 millim.

Du commencement de ce siècle.

33. Bronze. Durer par Burgschmidt. 1828. 53 mill.

34. Fer. Le même par le même. 1828. 51 millim.

Beau et rare.

35. Bronze. Durer par Neuss. 1828. 33 millim.

Copie d'après le n° 21.

36. Bronze. Durer.

Copie d'après le n° 27, datée de 1540

V. — *Médailles de la famille des empereurs Maximilien Ier et Charles V.*

37. Bronze. Maximilianvs. Ev. Caes. F. Dvx. Avstr. Bvrgvd. *Rev.* Maria. Karoli. F. Dvx. Bvrgvndiæ. Avstriæ. Brab. C. Flan. 43 millim.

38. Bronze. Maximilianvs. Pivs. Felix. Avgvstvs. Imperator. *Rev.* Svb. Cafs (*sic*). Maximiliano. Avg. Imperivm. Rom. Pacatvm. E. 108 millim.

39. Étain. Maximilianvs. Imperator. 52 millim.

Médaille dans le genre de Hagenauer.

40. Plomb. Carolvs : V : Ro : Imper : Le buste de l'empereur couronné, entouré d'armoiries; en haut les mots : Plus Vltra. *Rev.* L'aigle de l'empire, également entouré de blasons. 1521. On trouve dans la bordure la lettre N entourée d'un cercle de perles. 70 millim.

Médaille frappée, probablement gravée par Hans Nell. Bolzenthal, page 128. Epreuve de l'époque, d'une grande rareté. Il en existe de modernes.

41. Étain. V. G. Gnaden. Karolvs. V. Kaiser. Wart. Geborn. Im. 1500. 45 millim.

Charles V, en grand apparat, sur son trône.

42. Bronze. Imp. Caes. Carolvs. V. P. T. Avgvst. An. Aet. XXX. *Rev.* Fvndatori Qvetis M.D.XXX. 33 millim.

43. Argent. Imp. Caes. Carolvs. V. Avg. *Rev.* S. P. Q. Mediol. Optimo. Principi. Pietas. 30 millim.

44. Plomb. Imp. Caes. Carolvs. V. Avg. 73 mill.

Avers. Médaille exécutée en Italie.

45. Plomb. Carolvs V. Avg. Hisp. Re. Imperator. Cæsar. 62 millim.

46. Étain. Carolvs. V : Roma. Imp : S : A : An : Dni. M.D.L. *Rev.* Philippvs. Avstr. Caroli. V. Caes. F. 36 millim.

47. Bronze. Imp. Car. V. Et. Phi. Prĩnc. Isp. *Rev.* Deux colonnes couronnées. 41 millim.

48. Bronze. Izabela. Caroli. V. Imperatoris. Vxor. *Rev.* Un autel entouré de quatre personnes. 38 millim.

Médaille attribuée à Val. Belli.

49. Bronze. Diva Isabella. Avgvsta. Caroli V. Vx. 70 millim.

50. Bronze. Isabella. Caroli. V. Vidva. *Avec rev.* 30 millim.

51. Plomb. Ferd : Arch : Avstr. Et. Anne. Hug : Reg : Conjvgv. Effigies + Aeta : Vtrivsqve. Anno xx. M.D.XXIII. *Rev.* A et F. entrelacés, entourés du collier de la Toison d'or. 54 millim.

52.* Plomb. Ferdinandvs. Dei. Gracia. Roman. Vngarie. Et Boemie. Rex. Anno. Salvtis. Svæ. XXXVII. *Rev.* Les armes d'Autriche et Ferdinandvs Rex. 65 millim.

53. Bronze. Ferdinand. Von. Gots. Genaden Roemischer. *Rev.* Hvngarischer. Vnd. Behmischer. *Z.* G. Kvnig. Z. G. M.D.XXXX. 40 millim.

54. Étain. Maria Avstr. Reg. Boem. Caroli V. Imp F. 65 millim.

Médaille exécutée en Italie.

55. Plomb. Maximilianvs. D. G. Bohe. Rex. 62 mill.

Belle médaille.

56. Plomb. Margarita. Avstria. 36 mill.

57. Plomb. Albertvs. Wenceslavs. Archidv. Avstriae. 46 millim.

Belle médaille, avec les portraits des deux archiducs.

58. Bronze. Ferdinandvs. II. Rom. Imp. Semp. Avg. *Rev*. Legitime Ce-rtantibvs. 42 millim.

59. Bronze. Maximilian. V. G. G. Ertzhertzog. Zv. Osterreich. Z. Aetatis Svae 20. *Rev*. Ses armes. 44 millim.

60. Bronze. Maximilian. D. G. Ro. Hun. Bo. Rex. 1565. (Avec la reine Maria.) Rev. Fer. D. G. El. Ro. Im. Avg. E. Hv. Bo. R. 1565. 31 millim.

61. Étain. Diva Maria Diws. Maximil. Reg. 30 mill.

62. Plomb. Les mêmes personnages, avec la seule inscript. Rex. Boe. 40 millim.

Très-belle.

63. Étain. Philippvs. Rex. Princ. Hisp. Aet. S. An. XXVIII. 66 millim.

64. Plomb. Phillippvs. D. G. Hispaniarvm. et Angliae Rex. *Rev*. Saint Georges à cheval avec la devise : Hinc. Vigilo. 55 millim.

Très-belle médaille, par Paolo Poggini.

65. Plomb. Ioannes Avstri. Caroli. V. Fil. Ovale. 33 millim. sur 20.

66. Bronze. Léopold Ier, empereur romain. 68 mill.

Belle médaille, sans aucune inscription.

VI. — *Brandebourg, Bavière, Saxe.*

67.* Étain. Ioachimi. Marchionis. Brandp. E. Aet. Svae XXXV. 71 millim.

68. Bronze. Joachim. D. G. Mar. Bran. Et. C. Z. *Revers*. Hedwig. G. A. K. S. 3. Pomar. V. Bran. 1537. 23 millim.

69. Bronze. Effigies Domini Ioachimi. Marchionis Brandenbvrgen. Princ. Electoris. Etat. XXXXVI. Anno Sal. M.D.XXX. *Revers*. Sceptiger Imperii Ioachimvs. Marchio Princeps Brandenbvrgen. Emicat Histe Modis. 70 millim.

Monogramme de Hagenauer.

70. Étain. Casimir : March : Brandn : D : D : XXV. *Revers*. Omnia. Orta. Occidvnt. Et. Avcta. Senescunt. M.D.XXII. 44 millim.

71. Plomb. Fridericus Dei Gracia. Marchio. Branden. Z. C. Ivnior. Aetatis Svae XXXVIII. 25 mill.

72. Plomb. Avers. Dominvs. Mihi. Adjvtor. Quem Timebo. Ann. Aetat. XXXVII. *Revers*. Albert. Card. Mog. Archiep. Magd. Halb. Adm. March. Brand. C. Z. M.D.XXVI. 42 millim.

73. Plomb. Autre. Dominvs. Mihi. Adivtor. Quem. Timebo. Anno. Aeta : XXXVII. 43 millim.

74. Bronze. Albert. Card. Et. Archieps. Mogvnt. Ac. Magdeb. Et. Marchio. Branden. Anno aetatis. XL. 31 millim.

75. Étain. Dominvs. Mihi. Adivtor. Qvem. Timebo. Aetat. XLVIII. 44 millim.

76. Bronze. Von Gottes Gnaden. Friedrich. Marggraf. Z. Brandenb. 1569 *Au revers*, les armes. 37 millim.

77.* Étain. V. G. G. Georg. Marggraf. Zu. Brandenbvrg. Z. C. Herzog in Schlesien. Z. C. *Revers* : Seins. Alters. im. L. An : Do : M.D.XXXIII. 38 millim.

78. Plomb. Johannes : Christian : D : G : Dux : Silesiae : Lignic : Et : Bregensis. 1608. *Revers* : Integritas : et rectum : Cvstodiant : Mc. 29 mill.

79. Plomb. Dvx Lvdovicvs. M.D.XXX. *Revers* . Les armes de Bavière. Si Deus. Nobiscvm. Quis Contra. nos. 25 millim.

Très-belle médaille.

80. Bronze. Geor. D. G. Spiren. Co. Pa. Re. Dvx Ba. Aet. XXXIII. 68 millim.

81. Plomb. Ludwig Pfaltzgraf Cvrfrist. 55 Iar alt. 29 millim.

82. Étain. Wvilhelm Von. Gots. Gnaden. Pfalczgraf. Bei Rhein. Seins. Alters. im XLI. Iar. 43 millim.

83. Plomb. Wilhelmvs. D : G. Com. Pala : Rhe : Ba : Dvx. 35 millim

84. Plomb. Lvdwig. V. G. G. Pfaltzg : B. Rhe : Hertz : I. Bei : 33 millim.

85. Plomb. Elisa : Pfal : B. Rhei : Hertz : I : Bey. Gebo. Landg : Z. Hess. 33 millim.

86. Plomb. Philippvs. Co. Pa. Rhe. Dvx Baio. Z. C. Na. An. XXV 42 millim.

Très-belle.

87. Étain. Fridericvs. D. G. Com. Palatinvs. Rhe. Sa. Rom. 39 millim.

Belle médaille ciselée.

88. Plomb. Frid : Palat : Rhen. Dux Bavariae. 40 millim.

89. Bronze. Joannis Electoris Dvcis Saxoniæ. Et. Filii Joannis Friderici. Effigies. M.D.XXX. (Tentzel. Ernest. I. V. p. 60.) *Revers :* Armes de Saxe. (Tentzel. II. p. 53.) 46 millim.

90. Plomb. Joannes Fridericus Elector. Dux. Saxoniæ. Fieri fecit. 47 millim.

Très-belle médaille inconnue à Tentzel. C'est une autre que celle citée vol. I, page 84.

91. Plomb. Joanns. Fridericvs. Elector. Dvx. Saxonie. Fieri. Fecit. Etatis svæ. 32. 63 millim.

Tentzel, Lin. Ernest, I, p. 86.

92. Plomb. Joanns : Fridericvs. Elector. Dvx. Saxonie. Fic. Fe. Eta. Sve. 34. 46 millim.

Tentzel, Ernest, I, p. 117.

93. Argent doré. *Avers :* Adam et Ève. Joannes Fridericvs. Elector Dvx Saxonie fieri fecit. *Revers :* Le Christ en croix. Spes mea in Deo est. 1536. 66 millim.

Monogr. H. R. Superbe pièce, par Heinr. Reitz., orfévre à Leipzig. Tentzel, Ernest. L. I, p. 98 — 105.

94. Étain. C. Lumi. et. Ora. Caroli V. Imperatoris. Gre. Ferdinandus. D. G. Romano. Boe. Hung. Z. Rex. *Revers :* Captivitas Joannis Friderici Ducis Saxoniæ. M.D.XLVII 57 millim.

Tentzel, Ernest., I, p. 170.

95. Plomb. Dux Joannes Fridericus Captivus. 42 millim.

Tentzel, Ernest., I, p. 245.

96. Étain. Georg. Dei. Gra. Dux. Saxoniae. Anno Sal. M D XXXI. 37 millim.

97. Étain. Avgvstvs D. G. Dvx. Sax : et Elec. 30 millim.

98 Argent doré. D. G. Joan : Geor : Sax. Ivl. Cliv. Entouré de 12 armes. *Revers :* Le duc à cheval. Mont : Dux : S : R : I : Archimars : Elector. Et. Vicarius. 49 millim.

VII. — *Princes allemands. Princes de l'Église.*

99.* Plomb. Bernard. E. Ernest : Frat : Germa : Marchion. Baden. *Revers :* German : Fratrv. Con. cordiæ Sacr. Ano M.D.XXXII. 35 millim.

100.* Plomb. Leonhar : Ab Harrach : B : Avr Velle : Eqves. D. Ferdi : Maximil : II Rvdol II. Imp. Intimvs Cons. *Revers :* Les armes. Ovale. 37 millim. sur 31 millim.

101. Plomb. Adam. Comes in Herbersd. Eqves. S. C. M. Et Seren. Elect. Max. D. Bav. Ovale. 41 millim. sur 32.

102. Étain. Von Gottes Gnaden. Philips. Landtgraf Zv. Hessen. 37 millim.

Monogr. G. W. Au revers, la date 1535.

103. Bronze. Grave Philip. Von Gots Gnaden Graf Zv Hessen. *Revers :* Zv Cazenelnpogen. Zv

Etz. Zv. Ziegenhain Vnd Zv Nidda M.D.XLIIII. 41 millim.

104. Plomb. Christ. Madrv. Cardin. Epis. Et. Prin. Triden. Et. Brix. 58 millim.

105. Plomb. Ernest. Pr. Et Co. Mans. Mar. Cas. N. E. Dv. B. Held. *Revers :* Ses armes avec la devise : Force. Mest. Trop. Ovale. 47 millim. sur 40.

106. Argent. Anselmg. Franc. D. G. Archiep. Mog. S. R. I. P. Germ. Archic. Pr. Elec. *Revers :* Sont Nostri Pars Corporis Ipsi. Avrea. Bvl. Tit. 24. 1689. 60 millim.

Très-belle médaille pesant 120 grammes.

107. Plomb. Vrsvla Geporen Grevin Zv. Solmz. Irs Alters Im. XVII. 50 millim.

108. Plomb. Amvlei Geporen Grevin Zv Solms. Z. Irs Alters Im VIII. 49 millim.

Jolie médaille, comme la précédente.

109. Bronze. Io. Phil. Eqv. Et. Prior. S. Steph. Fatrvo. Re. *Revers :* Iac. T. S. Mariæ. De Ara Cœli. Presb. Card. De Angelis. 37 millim.

110.* Étain. Albertvs. D. G. Dvx Mega. Frid. Et. Sag. *Revers :* Ses armes. Ovale. 37 millim. sur 31 millim.

Wallenstein.

111. Bronze. Georg Graf Zv Wirtem. Vnd Mvmpelgart. 57 millim.

112. Argent. Ivlivs. D. G. Ep. Wirtzebvrg. *Revers :* Les Armes et : Et Francie Orient. Dvx. 30 mill.

VIII. — *Angleterre, Suède, Danemark, etc.*

113. Plomb verni. Maria. I. Reg. Angl. Franc. Et. Hib. Fidei. Defensatrix. Avec Monogr. Iac. Trez. (Jacobus Trezo). 65 millim.

Très-belle pièce du cabinet de Paul de Praun.

114. Argent. St. Georges. En honneur Du Sou*u*verain D*u* Tres Noble Ordre De la Iartiere. *Revers :* Du Tré Haut Tré Puissant et tres excellent Prince Charles II... M.D.C.LXXVIII. 47 millim.

115. Argent doré. Gvst. Adolph. D. G. Svec. Got. Vâd. R. M : Prîc. Fîlad Dux : Et Ho : Et Careliæ. Igriæ. D9. *Au revers* une longue inscription : Miles Ego Christi, etc. 55 millim.

116. Argent doré. Gvstavi Adol. II. D. G. Sw. Got. Wand. Rex 1632. *Revers :* Maria Eleonora. D. G. Sweco. Gotor : Wand. Reg. 41 millim.

Les inscriptions gravées

117. Argent. Gvstavvs Adolph. D. G. S. G. V. Rex. Nat. A. 1593. Ob. A. 1632. *Revers :* Gottes Fvrcht. V. Heldenmvth ist der Schweden Eignes. 32 millim.

118.* Plomb. Christianus. IIII. Daniæ. Nor. Van : Got. Rex. Aeta. XX. An. Nic. de F. *Revers :* Recta firmat pietas. 37 millim.

Médaille par Nicolas Schaube. 1598.

119. Plomb. Sigismvnd, Augvstvs. D. G. Rex. Poloniæ. Ao. 1561. 84 millim.

Monogr. STE. H. (Steven van Holland).

120. Bronze. Regina Christina. *Revers :* Nec. Sinit. Esse. Feros. S. D. G. 60 millim.

121.* Plomb. Phlvs : Baro De. Montmorency : Comes De Horn Admiralivs. Z. C. 1565. 62 mill.

IX. — *Patriciens de Nuremberg, savants, etc.*

122. Plomb. Lvdovicvs Bergonz. Vs. Ligvr. Eta. An. XXXVIII (vers 1530). 30 millim.

Très-belle médaille d'origine norimbergeoise.

123. Étain. Pancrats Biderman Im Alter. LII. 50 millim.

Très-belle. Monogr. H. B. Ao. 1562. Imhoff, II, 698, n° 9.

124. Plomb. Steph. Brechtl. (Calligraphe.) Aet. An. XXXIII (1556). 38 millim.

Imhoff, II, 700, n° 12,

125. Plomb. Stephanvs. Denicro Qvilici. Anno Aetatis. Svæ XXV (vers 1530). 33 millim.

Très-belle.

126. Plomb. Baltasar Derrer. Aetatis. LX. 54 mill.

Avec monogr. de V. Maler, 1569. Imhoff, II, 591, n° 1.

127. Argent. (Leonhard Dilherr). Aetatis Svæ LVI. Ano M.D.XCIII. *Revers :* Les armes et L. D. 20 millim.

Imhoff, II, 711, n 12.

128. Bronze. Lvcia. Dorerin. Decima. Mvsa Germaniæ. M.D.XXII. 71 millim.

Will, II, front. grav. et préface, p. 3. Aucun auteur de l'époque ne cite cette dixième muse.

129. Plomb. Pete. Ech. Zv. Mespelb. Aetatis. XXXVIII (vers 1530). 32 millim.

130. Plomb. Otto. Flosservs. Doctor. Anno. Aetatis. XLVI (vers 1560). 36 millim.

131. Bronze. Bildtnvs Kastvllvs Fvcker. Des M.D.XXVIII. Iars. 38 millim.

Imhoff, II, 751, n° 23.

132.* Etain. Georgivs Fvgger Dominus In Kirchberg. Et. Weissenhorn. *Revers :* Un animal fantastique avec la devise : In Alto Refvgivm. 39 millim.

133.* Étain. Cristof. Fvrer. Alt. XXXXVII (1526). 37 millim.

Imhoff, II, 319, n° 1,

134. Étain. Christof Fvrer. (1645). 40 millim.

Imhoff, II, 326, n° 14.

135. Bronze. Pavl : Gerstner : XXXXI : Iar : M : D : XXV. 44 millim.

Imhoff, II, 759, n° 12,

136. Plomb. Sebalt Haller. Z. Hallerstain. Aetat LXIX (1569). 54 millim.

Imhoff, II, 365, n° 11.

137.* Plomb. Ambrosivs Hechsteter Avgvstanvs. M.D.XXVII. *Revers :* Nil Sine Magno Vita Labore Dedit Mortalibvs. 75 millim.

Monogr. H (Hagenauer). Voir le n° 7 de ce Catalogue.

138. Bronze. Iacobvs Heller Vdenhaimen Aetatis

Svæ XLVIIII. *Revers :* M.DXXIX Lvdit in Hvmanis Divvm Sapientia : Rebus : Somnia Cadvca. 30 millim.

Très-belle. Imhoff, II, 776, n° 15.

139. Étain. Georgivs Herman. Aetatis. Svæ XXXVI. (1527). 46 millim.

Bolzenthal, planche X.

140.* Plomb. Georgius. Herman. Aetatis. Suæ An. XXXVII (1529). 37 millim.

141.* Plomb. Georgivs Herman. *Revers :* Barbara Reihingen 1538. 36 millim.

Bolzenthal, planche 10. (Le petit module.)

142. Bronze. Iacob. Hofman. Alt. 48. An : 1560. Mo. April : 30. 54 millim.

Imhoff, II, 791, n° 30.—Doppelmaier, p. 202. — Kundmann Silesii. Pl. XVII, n° 51.

143. Plomb. Une autre médaille sur Jacob Hofmann, également vers 1560. Sans aucune inscription. 66 millim.

Inconnue à Imhoff.

144. Étain. Anna Hofmenne (vers 1550). 38 millim.

Jolie médaille.

145. Plomb. Ivstinian. von Holczhvsen Seines. Al. Im XLV (vers 1530). 50 millim.

Très-belle.

146. Bronze. Hieronimvs. Holtzschver. Senior Aetatis Svae. LX. *Rev.* Les armes des Holzschuher, et : Mvnificentia. Amicos. Patientia. Inimicos. Vince. M.DXXIX. 40 millim.

Imhoff, II, 386, n° 1.

147. Bronze. Veit Holzschvher. Natvs. M.D.XV. Den. XV. Ivnij. An : 1562. 67 millim.

Imhoff, II, 391, n° 8.

148.* Étain. La même médaille. 67 millim.

149. Plomb. Une médaille sur le même, même inscription. 40 millim.

Imhoff, II, 391, n° 10.

150.* Plomb. Sigm. Gabriel Holzschvher. Ae. 67 (1642). 47 millim.

Imhoff, II, 394, n° 14.

151. Plomb. Wenczel Iamiczer. 55 Iar Alt. Ano 1563. 56 millim.

Imhoff, II, 796, n° 3.

152. Plomb. La même médaille, non terminée et sans aucune inscription. 57 millim.

153.* Plomb. Wenzel Iamnitzer. Aeta. 77 (1584). Ovale. 38 millim. sur 33. Avec revers.

Imhoff, II, 798, n° 9.

154. Plomb. Got. Leb Ich Got. Sterb. Ich. Got. Pin. Ich. Geborn. *Revers.* Iorg. Keczel LXIIII. Iar Alt. (vers 1530), et ses armes. 31 millim.

155. Plomb. La même médaille, avant le revers. 38 mil.

Très-belle.

156. Argent doré. Als Ma. 66 Iar Zalt. War Ich Wolf Kern. 63 Iar Alt. Het Dise Gestalt. *Revers.* Barbara Wolf 31 Iar Alt. 1566. 47 millim.

157.* Plomb. MDLII. Zalt. Het Ich Lêhart Kobolt Dise Gestalt. Was. LXVII Iar Alt. 46 millim.

Imhoff, II, 804, n° 6.

158. Bronze. D. Christophorvs : Cressvs : Administrator Ivstic. 32 millim.

Imhoff, II, 465, n° 6.

159.* Étain argenté. Sebastianvs Ligsalcz.—Vrsvla

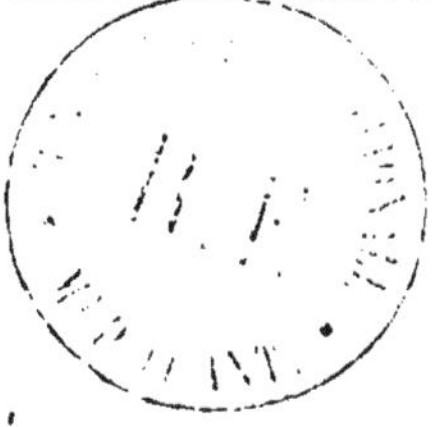

Sebasti. Ligsalcz Havsfrav. 1527. Deux pièces. 124 millim.

Les originaux, par Hagenauer, en bois, se trouvent au musée de Munich. Il n'en existe pas d'épreuves plus anciennes.

160.* Étain. Wilhelm. Loffiholcz. Zv. Kolberg Etatis XXXX (1541). 39 millim.

Imhoff, II, 573, nº 4.

161. Plomb. Doctor. Martinvs. Lvthervs. Eccles: Witten. 40 millim.

Luther en habit de moine, vers 1520.

162. Argent. Doctor. Martinvs. Lvthervs. Propheta Germaniæ. M.D.XXXVII.*Revers.* Les armes de Luther. 44 millim.

163. Étain. Iohannes Maslitzer (médailleur). Aetatis LXXIIII. 42 millim.

Inconnue à Imhoff.

164. Plomb. Philippi Melanthonis Effigies. *Revers.* Svbditvs Esto Deo Et Ora Evm. Ps. XXXVI. 47 millim.

165. Étain. Iacob. Mvffel. Seins. Alters. Im. XXII. 1532. 38 millim.

Imhoff, II, 484, nº 1.

166. Plomb. Ioh. Nevdorffer. Arithm. Ann. Aetat. Sue. XXXIIII (1531). 27 millim.

Imhoff, II, 847, nº 6.

167. Étain. Ioann. Nevdorffer. Arith. Ae. 57 (1554).

Imhoff, II, 848, nº 7.

168. Plomb. Lenhart Nierenberger Alt. 61. — Froniga Nierenbergerin Alt. 43. 1576. 55 millim.

169. Étain. Hans Von Obernitz. Ritter. Z.C.M.D. XXV. 57 millim.

Imhoff, II, 854, nº 2.

170. Plomb. M.O.V.S. (Max Oelhafen von Schoellenbach). Aetat. Su : 27. Ao 97 (1597). 49 mill.

Imhoff, II, 485, nº 1.

171. Étain. Georgivs. Olinger. Aetatis. Svae. 69. Anno. 1556. 55 millim.

Imhoff, II, 854, nº 3.

172. Plomb. Melchior Von Oscez. Alt XXXVII (vers 1530). 24 millim.

173. Plomb. Thobias Panczer Ratschreiber Zv Nvrnberg Alt. LXV (1593).

Imhoff, II, 856, nº 1.

174. Plomb. Médaille représ. un homme âgé, avec l'inscription. A. D. 1484. Mensis May II. 47 millim.

175. Bronze. Patricien de Nuremberg vers 1520. Sans aucune indication. 40 millim.

Très-belle médaille.

176. Plomb. Patricien de Nuremberg, sans indication de nom. Avec la devise : Trew. Vnd. Willig. 39 millim.

Très-belle médaille.

177. Plomb. Une autre dans le même genre et également très-belle. Avec l'indication : Seines. Alters. LI. Anno Dni MDXXXVII. 38 millim.

178.* Plomb. Jeune Patricien de Nuremberg vers 1540. *Revers :* Respice finem. 30 millim.

179. Plomb. Patricienne de Nuremberg, sans indi-

cation de nom, avec la devise : Got. Vormagk. Alle. Dinck. 1540. 32 millim.

180. Plomb. Homme et femme de la même époque. Deux jolies petites médailles. 20 millim.

181. Plomb. Patricien. Médaille de la même époque. 50 millim.

182. Plomb. Patricien de Nuremberg, sans indication de nom. Seins Alters Im LXII Iar. 1544. 30 millim.

Très-jolie méd.

183. Cuivre jaune. Patricien de Nuremberg vers 1550. 67 millim.

Homme barbu d'une trentaine d'années. Jolie médaille ciselée.

184. Étain. Patricien de Nuremberg vers 1550, sans aucune inscription. 49 millim.

185. Etain. Patricienne de Nuremberg vers 1560. Joli costume. 43 millim.

186. Plomb. Hieronymvs. Pavmgartner. Anno. Aetatis. 56. *Avers* avec la date 1553. 66 millim.

Imhoff, II, 608, n° 3.

187. Étain. Balthasar. Pavmgartner. Ae. 83. A. 92. (1592). *Revers.* Les armes. 46 millim.

Inconnue à Imhoff.

188. Plomb. Hieronymg. Pavmgart : A. P. Aet. LX. Ao. CIↃ IↃ IIC (1598). 40 mill. sur 30 mill.

Imhoff, II, 609, n° 6.

189. Bronze. Les cinq frères Pfinzing. *Revers.* Effigies. Sigismundi. Melch-ioris, etc. 40 millim.

Imhoff, II, 621, n° 2.

190. Bronze. Martin Pfinczing XXI Iar Alt. *Revers.*

Anna Pfinczing (née Loeffelholz) XXI Iar Alt. (1519). 55 millim.

Inconnue dans cet état. Imhoff, II, 630, n° 21 et 633, n° 26. Très-belle médaille.

191. Plomb. Martin Pfinczing XXI Iar Alt. (1519). 56 millim.

Imhoff, II, 630, n° 21.

192.* Plomb. Spes. Mea. In. Deo. Effigies. Melchioris. Pfinczing (1519). 66 millim.

Imhoff, II, 624, n° 8.

193. Plomb. Seifridt Pfintzing Aetatis. Sve. XXXXVII Anno (1531). 37 millim.

Imhoff, II, 628, n° 14.

194.* Étain. Vrsvla Seifried Pfintzingin XXXIV Anno (1531). 37 millim.

Imhoff, II, 629, n° 18.

195. Plomb. Hans Poczke. Seins. Alters. XXXVII. Iar (vers 1535). 38 millim.

196. Plomb. D. Ioanni Pontano. Is. Aet. 25. N. N. 1548. 35 millim.

197. Bronze. Stephanvs Pravn. Alters. XXVIII. 29 millim.

Imhoff, II, 569, n° 1, ne cite que l'*avers*. Cet exempl. a aussi un *revers*.

198. Plomb. Stephan Pravn. Alters. XXVIII. 30 millim.

Très-belle. Imhoff, II, 569, n° 1.

199. Bronze. Pavlvs Pravn. Ao. 1584. 40 millim.

Imhoff, II, 589, n° 5.

200. Étain. La même médaille. 40 millim.

Bolzenthal, planche XX.

201. Plomb. Margareta Steffan Preinni. Alters. XXII (vers 1540). 30 millim.

Très-belle.

202. Plomb. Marx Rechlinger. Gestalt. Do Ich Wvrt XX Alt. 39 millim.

Très-belle. Grav. en creux comme un sceau.

203. Plomb. Iorg V. Reichebvrg. Havbtman Zv Rain Alt. 32 Iar (vers 1530). 31 millim.

204. Plomb. Iohanes Rieter. A. Coren. Eqs. Avr. 35 millim.

Imhoff, II, 652, n° 7. Ce n'est que l'inscription qui diffère.

205.* Plomb. Le même avers. *Revers*. Andreas Im Hoff Senior. Aeta. Sv. 62. Ao 91. 40 millim.

Inconnue à Imhoff.

206. Argent. (Hanns Rieter). Effigies Natus Anno 1568. Facta. M.DCXIX. *Revers*. Les armes. Ovale. 39 millim. sur 31.

Imhoff, II, 651, n° 5. Très-belle.

207. Étain. Georgen Roemer. Der. Elt : Aetat : XLV. Ao MD.L Starb Ao : LVII (1557). 58 mill.

Très-belle.

208. Plomb. Erasmvs Rotenbvrger. Aetatis. Svae. 37. Anno 1556. 33 millim.

Imhoff, II, 887, n° 26.

209. Plomb. Albrecht. Von. Rosenbvrg. Vd. Zv. Pockstperg. Aetat. Sve. 29 (vers 1550). 52 mill.

210. Étain. Michael Von S. Anna Aeta. Svæ XXXIX (vers 1560). 42 millim.

211. Plomb. (Sebastien Schertlin von Burtenbach?) Méd. ovale, avec la devise : Dvlce Belvmin (*sic*) expeto. 45 millim. s. 38.

212. Étain. Chr Schewrl. I. V. D. Natvs XI Nov. M.cccc.xxxi. F. F. M. D. XXXIII. *Revers.* Chater. D. Schewrlin xxxxii Iar M.D.XXXIII. 41 millim.

Imhoff, II, 493, n° 2.

213.* Étain. Gabriel Schevrl. Aetat. 67 (1615). Ovale. 53 millim. sur 40.

Imhoff, II, 496, n° 6.

214. Plomb. Ioan. Schorn. Advocat. 48. Iar. Alt. 1543. *Revers.* Ses armes. 27 millim.

215. Plomb. Lvcas Siczinger. Der. Ivnger. Alt. 42 (vers 1540). 45 millim.

216. Plomb. Christoff Singer. Seins. Alters. XXVI. Iar (vers 1535). 22 millim.

217.* Plomb. Iohannes : Stabivs. Poeta. Lavreatvs. Et Historiographvs (vers 1510). 72 millim.

218. Argent. Christoff. Tetzel. Ann. M.D.XXXVIII Ann. Aetat. S. LII. *Revers.* Ses armes. 19 mill.

Imhoff, II, 674, n° 3.

219. Étain. Georg Tetzel, Aetatis Sue, XXII, Anno (1562). 45 millim.

Inconnue à Imhoff.

220. Étain. Iobst Tetzel. Aetat. LXVI. Anno 1569. 54 millim.

Imhoff, II, 676, n° 7.

221. Plomb. Tilmannvs a Bremen. Eq. Aur. Ann. Nat. L (vers 1530). 22 millim.

Très-belle.

222. Plomb. Katharina. Wolff. Toppl. Ae. 23.

(Femme de Wolff Toppler). Ovale. 40 millim. sur 32 millim.

Imhoff, II, 687, n° 2.

223. Plomb. Albrecht Tvhem. Doc. Aeta. Svae XXXV (1560). 50 millim.

224.* Étain. Lavrent : Trvhses. A. Bomersfelden. Decanvs Eclie. Magvnt. M.D.XXX. 40 millim.

225. Plomb. Martinvs Tuecher LVIIII Iar Alt (1519). 55 millim.

Imhoff, II, 505, n° 2.

226. Bronze. Martinus Tueche LIX Iar Alt (1519). 56 millim.

Inconnue à Imhoff.

227. Plomb. Peter Vischer, sculpteur à Nuremberg. Son portrait par lui-même, sans aucune inscription. Carrée. 105 millim. sur 77 millim.

Très-rare.

228. Plomb. Clemens. Volckamer. Aetate. XXXI. Annorvm (1526). 39 millim.

Imhoff, II, 521, n° 1.

229. Plomb. Hieroni. Wahl Sein Alt. 64. Starb 28 Marti des 1573. 32 millim.

Imhoff, II, 943, n° 1.

230. Plomb. Iacobvs Welser Avgvstanvs Aetatis Anno LI (1519). 35 millim.

Inconnue à Imhoff.

231. Plomb. Iacobvs Welser Ortus Avgvste Aetatis Anno LI (1519). 55 millim.

Imhoff, II, 537, n° 1.

232.* Plomb. Effigies. Francisci. Welser. Civis

Avgvstensis. Anno Aetatis Svae XXXV (1527). 66 millim.

Imhoff, II, 542, n° 11.

233.* Étain. Diva Philippina (Welserin, archiduchesse d'Autriche). 54 millim.

Très-belle médaille, autre que celle citée par Imhoff, II, 542, n° 12.

234.* Plomb. Othmar. Widenman. M.D.XXVII. 65 millim.

Epreuve moderne d'après un médaillon en bois sculpté par Hans Schwartz. Il n'en existe pas d'anciennes.

235. Plomb. Iacor (*sic*) Wolckenstein Seins Alters XXXIII (vers 1540). 37 millim.

X. — *Médailles françaises.*

236.* Plomb. Franciscvs. I. Francorvm. Rex. *Revers :* Fortvnam Virtute Devicit. Benevenv. F. 42 millim.

237. Plomb. Fr. Henr. Et Fr. Reges Franc. 38 millim.

238. Plomb. Henricvs. II. Rex. Francorvm. 61 millim.

Très-belle médaille, genre Poggini.

239. Plomb. Franciscvs. II. D. G. Francor. Rex. Dans un cadre fondu avec la médaille ovale. 45 millim. s. 40 millim.

240. Plomb. Hen. IIII. R. Christ. — Maria Avgvsta. G. Dupré. F. 65 millim.

241. Plomb. Maria Avgvsta Galliae Navarrae Regina. G. Dupré F. 1624. 100 millim.

242. Bronze. Maria Avg. Gall. et Navar. Regina. G. Dupré F. 1624. 52 millim.

243. Etain. La même médaille. *Avec revers :* Laeta Devm Partv. 50 millim.

244. Plomb. F. Ioannes. D. Vallete. M. Hosp. Hie. 57 millim.

Très-belle médaille, avec le monogr. Marius.

245. Plomb. Margarita de Frantia. D. Sabavdiae. 52 millim.

Même genre que le numéro précédent.

246. Étain. François de Lorraine. 1557. 62 millim.

Même genre.

247. Étain. Carolvs. Card. De. Lotheringie. 56 millim.

Même genre. Monogr. P. (Poggini ?)

248. Plomb. Renée de Lorraine et Guillaume de Bavière. Sans nom, avec la devise : Aedificavi Domvm Domino Deo Israel (vers 1570). 79 mill.

249. Bronze. Ant. S. R. E. Pbr. Card. Granvellanvs. 72 millim.

250. Étain. Ant. S. R. E. Pbr. Card. Granvellanvs. *Revers :* In Hoc Vinces. 40 millim.

251. Plomb. Carolvs Dvx Nivern. Et Rethelen. P. Franciae. G. Dupré. 1608. 52 millim.

252. Étain. Michael. De. Beavclerc. Anno. Aetatis. Svee. 26. *Revers :* Frangit Sors Invida. 55 mill. S. 47.

Belle médaille ovale.

253. Étain. Anonyme. Buste de femme en riche costume du temps de Charles IX. Avec la devise : Vertuevxe. Envie. Ne. Peult. Nvire. S. P. A. 41 millim.

254.* Métal de cloche. Thomas. Bon. Fortvne. O. Diev. Donne. 35 millim.

255. Étain. Anonyme. Avec la devise : Pacience. Me. Duict. 1576. 41 millim.

256. Bronze. Pr. Henr. A. Tvr. Arv. Vic. Tvren. Monogr. O. Hameranus. *Revers :* Virtus, Honos. Aequitas. 50 millim.

257. Argent. Gioachino Napoleone. 1813 (Pièce d'un franc). — Napoléon Empereur. 1813 (Pièce de deux francs). — Pièce toute neuve.

XI. — *Médailles italiennes du XVe siècle. Médailles des Papes.*

258. Bronze. Antoninvs Pivs. Agvstvs. *Revers :* Io Son Fine. 88 millim.

259. Métal de cloche ΙΩΑΝΗC ΜΗΩΑΝΤΟV ΖΩΓΡΑΦΟV ΒΕΝΑΤΗ. *Revers :* Opvs. Ioans. Boldv. Pictoris Venetvs. Xografi. M.CCCC.LVIII. 82 millim.

260. Bronze. Sigismvndvs Pandvlfvs Malatesta.

Pan. F. *Revers :* Castellum. Sismvndvm Ariminense. M.CCCC.XLVI (Par M. Pasti). 78 millim.

261. Bronze. Nicolavs. Picininvs. Vicecomes. Marchio. Capitanevs Max. Ac. Mars. Alter. *Revers :* Braccivs. Pisani. P. Opus. N. Picininvs. Et sur le collier du griffon. Pervsia. 85 millim.

262. Bronze. Avgvstinvs. Barbadicvs. Venetorum Dux. *Revers :* Opus. Spera-ndei. 82 millim.

263. Étain. M. Adriaen Van God Gheboren. Pavs Van Romen Tvtrecht Gheboren. 68 millim.

264. Argent. Julivs I. Pont. Max. *Revers :* Le suaire de sainte Véronique. 37 millim.

265. Plomb. Pius. IIII. Pont. Opt. Max. An. I. 70 millim.

266. Plomb. Pivs. V. Pont. Opt. Max. Anno. VI. F. P. (Frid. Parmensis.) *Revers :* Dextera Tva Dom. Percvssit Inimicvm. 34 millim.

267. Plomb. Gregorivs. XIII. Pont. Max. *Revers :* Jvsticia. Pacem. Copiam. Pax Attvlit. 45 millim.

268. Bronze. Gregorivs XIII. Pont. Max. Ann. IIII. *Revers :* In. Nom. Jesv Svrge Et Amb. 1575. 42 millim.

269. Plomb. Gregorivs. XIII. Pont. Max. Anno. Ivbilei. *Revers :* Domvs. Dei. Et. Porta. Coeli. 1575. 36 millim.

270. Bronze. Alexan VII. Pont. Max. Hameranvs F. *Revers :* Mvnit. et. Vnit. 35 millim.

XII. — *Médailles italiennes du XVIe siècle.*

Provenant en grande partie du cabinet de Paul de Praun, mort à Bologne en 1610.

271. Bronze. Médaillon à l'antique, avec l'inscript. gravée : Philetaerus. 102 millim.

272. Plomb. Lvdovicvs Ariostvs. 49 millim.

Très-belle médaille. Monogr. Don Fec.

273. Plomb. Baldvs. De. Vbaldis. Perv. 41 millim.

274. Plomb. Io. Ba. Cas. Car. V. Caes. Per. Ro. Re. Exercit. *Revers :* Transsilvania. 43 millim.

275. Plomb. Petri Bembi Car. *Revers :* Un Pégase. 55 millim.

Belle médaille attribuée à Benvenuto Cellini. Bolzenthal, page 98.

276. Plomb. Lvcia Bertana. 65 millim.

Très-belle médaille.

277. Étain. Constantia Bocchia Virgo Achillis F. M.DLX. 62 millim.

Monogr. S.

278. Étain. Michelangelvs. Bonarotvs. Flo. R. Ates. Ann. 88. *Revers :* Docebo Iniquos. V. T. Te. Impii. Ad. Te. Conver. 66 millim.

Très-belle médaille avec le monogr. Leo.

279. Métal de cloche. Car. Borromevs. Card. Archiep. Medi. *Revers :* Sola Gavdet. Humilitate Devs. 51 millim.

280. Plomb. Isabella Mariana Carcass. 69 millim.
Monogr. B. O. M.

281. Plomb. La même médaille, moins en relief et sans le monogramme. 70 millim.

282. Plomb. Clavdivs Dodevs (vers 1530). 32 mill.
Cette médaille pourrait être d'origine allemande

283. Plomb. Andreas Doria. P. P. *Revers :* Une galère. 41 millim.

284. Plomb. 287. Hipp. Est. II. Card. Ferr. 1560. 40 millim.

285. Plomb. Franc. Esten. March. Massae. 1564. 36 millim.

286. Étain. Hercules Estensis II Ferr. Dvx IIII. 67 millim.
Monogr. Pompejus.

287. Plomb. Octavivs. F. P. Dvx. II. 32 millim.

288. Plomb P. Loysivs. Far. Par. Et. Plac. Dvx. *Revers :* Ad. Civitat. Ditionis. Qiviel. Munim. Extrvctvm. 31 millim.

289. Plomb. Alexander Farnesivs. P. P. Princ. An. XIII Nat. *Revers :* Hvivs Avra. 37 millim.

290. Plomb. Alexander. Card. Farnesivs. S. R. E. Vicecan. 54 millim.

291. Plomb. Vesp. G. C. G : E Ivl. Mar. Rod. Et Chi. Com. Ped. Dvx. E. 55 millim.
Monogr. P. P. R. (Petrus Paulus Rom.)

292. Étain. D. Hippolitvs Ghizzola. 61 millim.

293. Bronze. Ioannes Francisc. Gonz. *Revers :*

Marchio. Comes. Roti. *Et ces mots gravés :* Probitas Lavdatvr. 38 millim.

Très-belle.

294. Bronze. Lavra Gonz. Trivl. *Revers :* Semper Illaesa. 45 millim.

295. Plomb. Hippolyta. Gonzaga. Ferdinandi. Fil. An. XVII. 67 millim.

Monogr. Iac. Trez.

296. Étain. Fer. Gonz. Praef. Gal. Cisal. Trib. Max. Legg. Caroli. V. Caes. Aug. 69 millim.

297.* Plomb. Le même avers. *Revers :* Isabella Capva. Princ. Malfict Ferdin. Gonz. Vxor. 67 millim.

298. Bronze. Le revers ci-dessus comme avers. *Revers* : Caste et Suppliciter. 69 millim.

299. Plomb. Danielo De Hanna. 53 millim.

300. Plomb. And. Laeva Caes. Exer. In Ital. Imp. Mediol. Q. Rei Vic. Ger. *Revers :* Vndiq Parta. 43 millim.

301. Étain. Gabriel Lipp. Jeune homme en riche costume, vers 1550. 70 millim.

Monogramme : S.

302. Plomb. Io. Pavlvs Lomativs. 48 millim.

303. Plomb. Vrsvla Lopez. M. P. C. Aet. XVIII. 62 millim.

304. Plomb. Isabella Manfro De Pepoli 1571. 65 millim.

Monogr. P. (Poggini).

305. Étain. Eleonora Dvcissa Mantuae. 67 millim.

Très-belle médaille. Monogr. P. O. 1561.

306. Plomb. Iosina De Matanca. 1555. 62 millim.

307. Plomb. Cosmus Medices. Sans aucune inscription. 73 millim.

Superbe médaille.

308. Plomb. Cos. Med. Magnvs Dvx Etrvriae. *Revers :* Les armes de Médicis. 40 millim.

309. Plomb. Fran. Med. Magn. Dvx. Etrvriae. II. *Revers :* Dii Nostra Cin Coepta Secvndent. 39 millim.

Monogr. N. M.

310. Étain. Franciscvs Medices. F. Princeps. 1560. 65 millim.

Monogr. P.

311. Plomb. La même médaille. 66 millim.

312.* Étain. Adolphvs Occo. A. F A. N. A. P. M. D. Ae. 23. Ovale. 46 millim. s. 32 millim.

Monogr. VP. réunis. Médaille d'origine allemande.

313. Plomb. Io. Picvs Mirandvle Dom. Phil. Acvtis. 45 millim.

Monogr. T. Q.

314. Plomb. Ivlia Pratone. R. 67 millim.

315. Bronze. Argentina Rangona. Pa. Dicavit. *Revers :* Fides Et Sancta Societas. 62 millim.

316. Plomb. Catharina Riva. 69 millim.

Monogr. An. Ab. (Abbondio).

317. Plomb. Camillae Rugeriae. Beau portrait de jeune fille en costume riche. 67 millim.

318.* Plomb. Victor Amedevs. Dvx Sabavdiae. Princ. Ped. Rex. Cipr. A. Dupré. 1636. 115 mill.

319. Plomb. Iacobvs. S. R. E. Presb. Card. Sabellvs. 43 millim.

320. Plomb. Hieronyma Sacrata. 1560. 61 millim.

321. Étain. Alexander De S. Petro Abbas. F. R. 32 millim.

322. Argent. Ioa. Gregorivs. De. Sarto. Aet. Svae. XXXIX. 1570. 39 millim.

Cette médaille pourrait être d'origine allemande.

323.* Plomb. Effigies Hieronymi Scotti Placent. (Vers 1580.) 65 millim. s. 55 millim.

324. Plomb. Jeune fille en costume riche. Inscription en hébreu et A. Ae. XVIII. Vers 1560. 65 millim.

325. Plomb. Autre jeune fille. Même époque. 68 millim.

326. Plomb. Autre jeune fille. Même époque. 62 millim.

327. Plomb. Autre jeune fille. Même époque. Médaille ovale. 71 millim. s. 56 millim.

Ces quatre portraits (n° 324-327) sont très-beaux.

XIII. — *Ouvrages plastiques coulés en plomb ou étain, d'après des pierres sculptées ou des pièces repoussées.*

328. Argent. Très-beau médaillon en argent, doré en différentes parties. *Avers* : Création de

l'homme. *Revers :* Adam chassé du Paradis. XVIe siècle. 52 millim.

329. Argent. Jeton carré. *Avers :* Armes de Bavière. *Revers :* 100. 60. 40 Gulden Nim War. Amberg Zum Schiessen. Gab. Dis. Jar. 1596. Prix de la Société des arquebusiers d'Amberg. 25 millim.

Très-rare.

330. Étain. Cristus. Ich Bin Das Lemlein Das Der Welt Svnd. Tregt. Monogr. P. F. (P. Flötner, vers 1540.) 61 millim.

331. Étain. Saint Jean l'Évangeliste. Vers 1560. 54 millim.

332. Plomb. Deux médaillons d'après Holbein. La Création de l'homme, 41 millim., et Adam et Ève, 45 millim.

333. Cuivre repoussé et doré. L'Adoration des Anges. 45 millim.

334. Plomb. Suzanne au bain et les deux juges. Vers 1550. 95 millim. s. 88 millim.

Très-belle pièce.

335. Plomb. Chasse aux canards. Genre de J. Amman. 95 millim. s. 78 millim.

336. Plomb. Paysage. Dans le même genre. Ovale. 91 millim. s. 80 millim.

337. Plomb. La Géométrie. La Musique. L'Écriture. Trois pièces dans le même genre. Carrées. 82 millim. s. 59 millim.

338. Plomb. Chevalier armé, tenant les armes d'Angleterre. Carré. De la même époque. 55 millim. s. 42 millim.

339. Plomb. Deux paysages italiens, avec figures. Carrés. De la même époque. 95 millim. s. 70 millim.

Très-beaux.

340. Plomb. Jésus-Christ et la Samaritaine. De la même époque. 110 millim. s. 55 millim.

341. Plomb. Scène mythologique. De l'époque de Holbein. 83 millim. s. 42 millim.

342. Plomb. Scène d'amour. Ovale. De la même époque. 44 millim. s. 35 millim.

343. Plomb. Scène historique de la même époque. Un Pape, mettant la main sur l'épaule d'un vieillard, lui signale l'Empereur Romain (Allemand). 33 millim.

344. Étain. Apollon et les Muses. Haut relief. Vers 1550. Ovale. 180 millim. s. 86 millim.

Très-belle pièce.

345. Étain. La Sculpture. Médaillon de la même époque. 75 millim.

346. Plomb. Une Mélusine. Ornement d'orfévrerie. Vers 1560. 60 millim. s. 51 millim.

347. Plomb. Revers de médaille italienne. Très-beau. Avec la légende : Cecis. Visvs. Timidis. Quies. Vers 1560. 67 millim.

348. Plomb. Diana. Par. Vbiq. Potestas. De la même époque. 67 millim.

349. Plomb. Diana suivie d'un lion et de nymphes. Hanc. Penitus. De la même époque. 70 millim.

350. Étain. Diser Helfant. Ist. Kvmen. Gien. Wien. In Die Stat, etc. 1554. Monogr. M. F. (Modestinus Fachs ou Flachs). 61 millim.

Belle pièce, très-rare.

351. Plomb. Médaille sur la fortification de Nurnberg. Les armes de l'Empire et de la ville. *Revers :* Deo. Opt. Max., etc. 1538. 73 millim.

Monogr. P. F. (Peter Floetner). Imhoff, II, 14, n° 11.

352. Plomb. Médaille pour la pose de la première pierre du nouvel Hôtel de ville de Nuremberg. *Avers :* les armes de l'Empire, de la ville et des édiles. *Revers :* une longue inscription, avec la date 1616. 83 millim.

Imhoff, II, 71, n° 38.

353. Plomb. *Avers :* l'Hôtel de ville de Nuremberg. Zum Gedegtnvs Des Neven Rathavs Zv. N. 1619. Monogr. G. Hol. (Holdermann) I. Ber. (Berckhausen). *Revers :* les armes des édiles. 48 millim.

354. Plomb. Nicolavs Cromer. I. V. Doctor. Scutae. Sedis. Aplicae. Pthonotarig. Abbas. Welegradensis. 65 millim. s. 55 millim.

Très-beau sceau *frappé* en plomb vers 1500.

355. Plomb. Saint Pierre, entouré d'un riche cadre. *Revers :* les armes des Médicis. M.D.LX. Ovale. 46 millim. s. 40 millim.

356. Plomb. Armoiries, avec ornements riches et la devise : Behalts. Vest. Bedencks. Best. 1571. 41 millim.

Sceau frappé en plomb.

357. Plomb. Une autre pièce dans le même genre : Pertulit Zlyppyo. 1571. 46 millim.

Ces deux sceaux sont des chefs-d'œuvre de gravure.

358. Plomb. Fond de coupe, par W. Jamnitzer, représ. des scènes de chasse. (Vers 1560). 160 millim.

359. Bois. Jeu de dames (sans damier), 30 pièces *frappées* en bois et représ. de chaque côté un empereur et une impératrice romains. 15 pièces noires et 15 pièces jaunes. 50 millim.

Très-beau travail de la seconde moitié du XVIe siècle. Jeu complet. D'une grande rareté, et d'une conservation parfaite.

360. Bois. Treize autres pièces sculptées en bois vers la même époque, dont 6 dorés et 7 argentées, enchâssées dans des cadres d'ébène.

XIV. — *Beaux médaillers anciens.*

361. Médailler en chêne, avec ornements, exécuté vers 1650. Hauteur, 39 cent. — Largeur, 40 cent. — Profondeur, 25 cent. — Treize tiroirs.

Avec sa première clef.

362. Petit médailler en poirier imitant l'ébène. Hauteur, 19 cent. — Largeur, 24 cent. — Profondeur. 16 cent. — Douze tiroirs.

363. Médailler verni à la chinoise, fin du XVIIe siècle. Hauteur, 22 cent. — Largeur, 22 cent. — Profondeur, 16 cent. — Six tiroirs.

364. Médailler en marqueterie. Vers 1700. Hau-

teur, 33 cent. — Largeur, 37 cent. — Profondeur, 25 cent. — ..... tiroirs.

Avec sa première clef, en cuivre.

365. Médailler en marqueterie, exécuté en 1735. Hauteur, 58 cent. — Largeur, 42 cent. — Profondeur, 29 cent. — Vingt-six tiroirs.

366. Médailler en marqueterie. Hauteur, 33 cent. — Largeur, 35 cent. — Profondeur, 21 cent. — Dix-huit tiroirs.

367. Très-belle armoire pour objets d'art, en marqueterie, exécutée vers 1700. Hauteur, y compris le pied, 60 cent. — Largeur, 97 cent. — Profondeur, 27 cent.

XV. — *Ouvrages sur les médailles.*

368. Skizzen zur Kunstgeschichte der modernen Medaillen-Arbeit (1429-1840), von H. Bolzenthal. *Berlin,* 1840. In-8, fig., cart.

Seul ouvrage qui ait paru sur les médailleurs, depuis le XVe siècle jusqu'à nos jours.

369. Nouvelles Recherches sur la science des médailles, inscriptions et hiéroglyphes antiques, par M. Poinsinet de Sivry. *Maestricht, Dufour,* 1778. In-4, fig., d.-rel.

370. Oliverii Legipontii dissertationes philologico-bibliographicæ, in quibus de adornanda et or-

nanda bibliotheca ..... deque rei nummariæ studio disseritur. *Norimbergæ,* 1746. In-4, bas.

371. J. D. Koehlers Historische Münz-Belustigung. *Nurnberg,* 1729-50. 22 tomes en 22 vol., fig. — Register, von J. G. Bernhold. *Nurnberg,* 1764. 2 vol. — Ensemble, 24 vol. dont 21 rel. en veau, aux armes, et trois en dem.-rel.

Ouvrage important sur les médailles de la Renaissance, dont on trouve rarement les 24 volumes réunis.

372. Remarques historiques sur les médailles et les monnoyes, par J. D. Koehler. *Berlin, Schmid,* 1740. In-4, fig., bas.

Tome premier, le seul publié. C'est la traduction de l'ouvrage précédent.

373. Sammlung merkwuerdiger Medaillen, durch J. H. Lochner. *Nurnberg,* 1737-44. 8 vol. in-4, fig., bas.

Tout aussi important que l'ouvrage de Kœhler.

374. Nürnbergische Münz-Belustigungen, von G. A. Will. *Altdorf,* 1764-67. 4 vol., cart. — Register, von J. C. S. Kiefhaber. *Nurnberg,* 1800. 1 vol., broch.

La table est très-rare.

375. Nürnbergische Münz-Belustigungen. *Altdorf,* 1764-67. 4 tomes en 2 vol. — Register. *Nurnberg,* 1800. 1 vol. — 3 vol. in-4, cart.

Exemplaire précieux, avec additions mss. de Bœrner, qui a ajouté un portrait et un autographe.

376. Sammlung eines Nürnbergischen Münz-Cabinets, von Chr. Andr. Imhoff. *Nurnberg,* 1780-82. 2 vol. in-4, fig., d.-rel.

Le second volume est presque introuvable.

377. Historische Nachricht von den Nürnbergischen Mathematicis und Künstlern, von J. G. Doppelmayr. *Nurnberg, Monath*, 1730. In-fol., 15 pl., cart.

Les deux dernières planches donnent des portraits d'illustres Nurembergeois d'après les médailles.

378. Verzeichniss von Nürnbergischen Portraiten aus allen Staenden, gefertigt von G. W. Panzer. *Nurnberg*, 1790. In-4, cart.

379. Geschlechtsregister des Hochadelichen Patriciats zu Nürnberg, von J. G. Biedermann. *Bayreuth*, 1748. In-fol., vél.

Exemplaire interfolié de papier blanc, avec quelques additions manuscrites. Avec le supplément : J. G. Biedermann's Geschlechtsregister, bis zum Jahre 1854 fortgesetzt, von C. F. W. Volckamer. *Nurnberg*, 1854. In-fol.

380. Saxonia numismatica, sive nummophylacium numismatum et iconicorum a ser. electoribus ducibusque Saxoniæ lineæ Albertinæ (et Ernestinæ) cudi jussorum..., a W. E. Tentzelio. *Dresdæ*, 1705. 8 part. en 4 vol. in-4, fig., cart.

381. Brandenburgische historische Münzbelustigungen, von J. J. Spies. *Anspach*, 1768-74. 5 vol. in-4, fig., dem.-rel. vél.

382. Silesii in nummis, oder Berühmte Schlesier in Müntzen, von J. C. Kundmann. *Breslau*, 1738. In-4, 37 planches, cart.

383. Die Heimsuchungen Gottes in Zorn und Gnade über das Herzogthum Schlesien in Müntzen, von J. C. Kundmann. *Liegnitz*, 1742. In-4, portr. et 6 planches, cart.

384. Le Caissier italien, ou l'Art de connaître toutes

les monnaies, par J. M. Benauen. *Lyon*, 1787. 2 vol. in-fol., fig., veau.

385. Relation des campagnes de l'année 1708 et 1709, avec une explication de toutes les médailles qu'on a frappées à ce sujet, par N. Chevalier. *Utrecht*, 1710. In-4, fig., cart.

386. Monete e Medaglie degli Spinola, di Tassarolo, Ronco, Roccaforte, Arquata e Vergagni, che serbansi nella R. Universita ed in altre collezioni di Genova, descritte da Agostino Olivieri. *Genova*, 1860. Gr. in-8, pap. vélin, carte et 22 planches, broch.

387. Histoire métallique de la république de Hollande, par Bizot. *Paris*, 1687. In-fol., fig., v.

388. Histoire métallique des XVII provinces des Pays-Bas, depuis l'abdication de Charles-Quint jusqu'à la paix de Bade en MDLXVI, par Gérard van Loon. *La Haye, Gosse, Neaulme et de Hondt*, 1732-37. 5 vol. in-fol., fig., br.

389. Traité historique des monnoyes de France, avec leurs figures, depuis le commencement de la monarchie jusqu'à présent, par Le Blanc. *Sur l'imprimé de Paris, à Amsterdam*, 1692. In-4, fig., veau.

Avec la *Dissertation*.

390. Recueil général des pièces obsidionales et de nécessité, gravées dans l'ordre chronologique des événements; par Tobiesen Duby. *Paris*, 1786. 1 vol. — Traité des monnoies des barons, ou Représentation et explication de toutes les monnoies d'or, d'argent, de billon et de cuivre

qu'ont fait frapper les possesseurs des grands fiefs, pairs, évêques, abbés, chapitres et autres seigneurs de France. *Paris, Impr. royale*, 1790. 2 vol. — Ensemble 3 vol., gr. in-4, fig., d.-rel.

391. Doctrina numorum veterum, conscripta a Jo. Eckhel. Acced. Addenda. *Vindobonæ*, 1792-1826. 9 vol. in-4, fig., cart., n. rogn.

Bel exemplaire en papier collé de cet ouvrage important.

392. Promptuaire des medalles des plus renommees personnes qui ont esté depuis le commencement du monde : Auec brieue description de leurs vies et faictz. *Lyon, G. Roville*, 1577. 2 vol. en un, in-4, fig. en bois, vél.

Cet ouvrage contient de nombreuses médailles françaises, italiennes, allemandes, etc., du XVIe siècle.

TABLE DES DIVISIONS

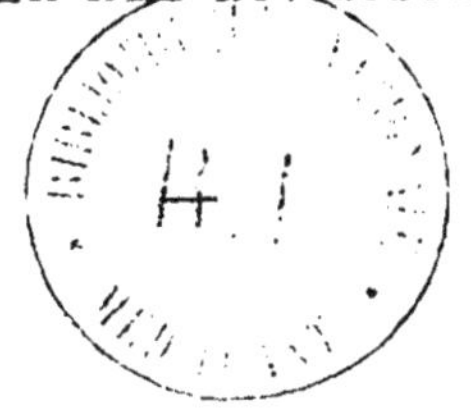

4095. — Paris, imprimerie JOUAUST, rue Saint-Honoré, 338.

www.ingramcontent.com/pod-product-compliance
Ingram Content Group UK Ltd.
Pitfield, Milton Keynes, MK11 3LW, UK
UKHW021034180726
13838UKWH00004B/1788

9 782329 396408